合唱で歌いたい！ J-POPコーラスピース

混声3部合唱

HAPPY BIRTHDAY

作詞・作曲：清水依与吏　合唱編曲：田中和音

••• 曲目解説 •••

back numberが歌う、TBS系ドラマ「初めて恋をした日に読む話」の主題歌です。心に染みわたるようなバンドサウンドが印象的な、不器用な片思いをテーマとして描いたラブソング。聴く人の心をグッとつかむ歌詞とback numberらしい美しいメロディーが魅力的な一曲をぜひ合唱でお楽しみください。

HAPPY BIRTHDAY

作詞・作曲：清水依与吏　合唱編曲：田中和音

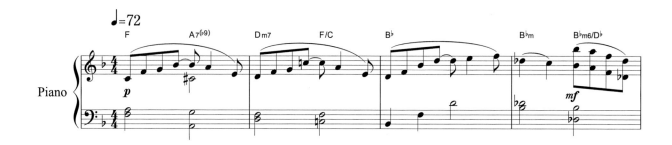
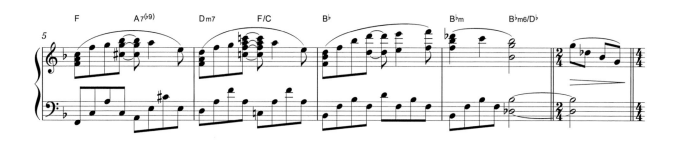

© 2019 by NICHION,INC. & id PUBLISHING Co.,Ltd. & UNIVERSAL MUSIC PUBLISHING LLC

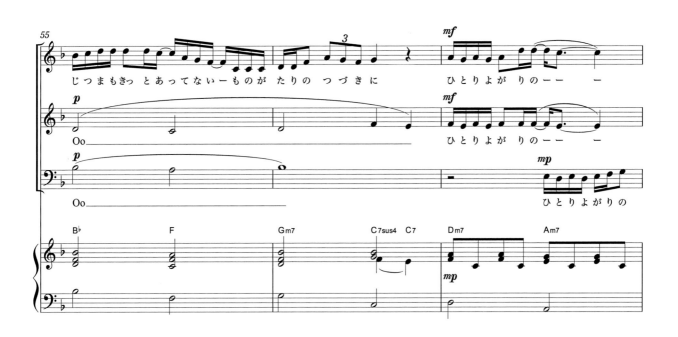

HAPPY BIRTHDAY

作詞:清水依与吏

いつの間にやら日付は変わって
なんで年って取るんだろう
もう背は伸びないくせに
着信の音で飛び起きたけど損したな
君かと思ったのに

何かの手違いで
好きになってくれないかな
どうにも君のいない場所は
空気が薄くてさ

くだらない話は思い付くのに
君を抱き締めていい理由だけが見付からない
ああそうか　そうだよな
ハッピーバースデー　片想いの俺

愛が何かは知らないけれど
好きと言う名前の痛みになら詳しいかも
君にも教えてあげたいけれど結局
教わるのは俺だろう

このまま今日が終わり明日(あした)が来れば
いつになっても縮まらないこの距離を
駆け引きにも綱引きにもならないやり取りを
もっと単純な名前で呼んであげられるよ
何ひとつ終われないけど

つまらない言葉の繰り返しで
つじつまもきっと合ってない物語の続きに
ひとりよがりの毎日に
ハッピーバースデー
君に言って欲しいだけ

くだらない話は思い付くのに
君を抱き締めていい理由だけが見付からない
ああそうか　そうだよな
ハッピーバースデー　片想いの俺

ハッピーバースデー　片想いの俺

MEMO

MEMO

エレヴァートミュージックエンターテイメントはウィンズスコアが
展開する「合唱楽譜・器楽系楽譜」を中心とした専門レーベルです。

ご注文について

エレヴァートミュージックエンターテイメントの商品は全国の楽器店、ならびに書店にてお求めになれますが、店頭でのご購入が困難な場合、当社PC＆モバイルサイト・電話からのご注文で、直接ご購入が可能です。

◎当社PCサイトでのご注文方法

http://elevato-music.com

上記のアドレスへアクセスし、WEBショップにてご注文ください。

◎お電話でのご注文方法

TEL.0120-713-771

営業時間内に電話いただければ、電話にてご注文を承ります。

◎モバイルサイトでのご注文方法

右のQRコードを読み取ってアクセスいただくか、
URLを直接ご入力ください。

※この出版物の全部または一部を権利者に無断で複製(コピー)することは、著作権の侵害にあたり、著作権法により罰せられます。

※造本には十分注意しておりますが、万一、落丁・乱丁などの不良品がありましたらお取り替えいたします。また、ご意見・ご感想もホームページより受け付けておりますので、お気軽にお問い合わせください。